FINDE DAS EINHORN IN DIR

WIE DU DEIN LEBEN ZUM FUNKELN BRINGST

Text von Joanna Gray
Illustrationen von Carolyn Suzuki

Aus dem Englischen von Claudia Seele-Nyima

VORWORT

Als kleine Mädchen spielten wir miteinander unter den Zweigen eines Fliederbuschs. Meine Cousine und ich standen uns sehr nahe. Wir kreierten Parfum aus Rosenblättern, sangen ununterbrochen und schufen uns eine Fantasiewelt, in die wir Sommer für Sommer zurückkehrten.

Wir bauten uns unseren Feenköniginnenpalast im Garten des Landhäuschens unserer Großeltern, wo am Rand der Wiese der verwilderte Fliederbusch wuchs. Die gestampfte Erde darunter bildete den Palastboden, und die Äste hingen niedrig genug, um an ihnen Blechtassen festzubinden. Wir brachten uns Proviant mit und picknickten im Schneidersitz in unserem Palast.

Eines Sommernachmittags, als das Tageslicht allmählich verblasste, beschlossen wir, dass es uns nicht mehr genügte, Feenköniginnen in unserem eigenen Fliederpalast zu sein. Wir wollten einen Spielgefährten haben. Wir wollten etwas, um das wir uns kümmern konnten, etwas, das unser Abenteuer in unserem eigenen Paradies noch aufregender machte. Flüsternd sprachen wir die Herzenswünsche vieler kleiner Mädchen aus: ein Kätzchen. Eine Gans, die Schoko-Eier legte. Rapunzel.

Es war meine Cousine, die das Einhorn heraufbeschwor. Ich höre noch heute ihr Flüstern. Schon das Wort war magisch: »Einhorn« – leise zwischen duftenden Blüten getuschelt.

Ein kurzer Blick des Einverständnisses, und schon war in jener Abenddämmerung alles anders. Wir erhoben uns einfach, hielten uns an den Händen und schlossen die Augen. Gemeinsam »Einhorn« zu sagen genügte. Als wir die Augen öffneten, erblickten wir es. Zitternd stand es in der Ecke. Das Einhorn war klein, vielleicht so hoch wie ein großer Hund. Inmitten herabhängender Blüten reichte sein perlmuttartiges Horn fast bis zur Decke unserer Feenlaube. Sein Fell war so weiß, dass wir beide uns geblendet fühlten und die Hände vor die Augen hielten. Dann hockten wir uns hin und neigten uns dem wunderschönen Geschöpf zu. Staunen breitete sich unter dem Fliederbusch aus, die Zeit stand still, und wir waren sicher, dass wir uns eine Welt der tiefsten Naturmagie erschlossen hatten. Was dann geschah, bleibt ein Geheimnis zwischen mir, meiner Cousine und unserem Einhorn.

Inzwischen bin ich erwachsen und habe selbst drei Kinder. Ich baue keine Feenpaläste mehr und will auch kein Popstar mehr werden. Doch meine Cousine und ich stehen uns so nah wie eh und je, und wir denken immer wieder gern an unsere idyllische Kindheit zurück, als wir unserer Fantasie freien Lauf lassen konnten.

Und ich rufe immer noch Einhörner herbei.

Für uns Erwachsene, verstrickt in eine Welt harter Arbeit, häuslicher Plackerei und hektischer Betriebsamkeit, ist es lebenswichtig, wieder Zugang zum magischen Geist der Kindheit zu finden. Darum zaubere ich weiterhin das Einhorn herbei.

Wenn ich um mich herum nichts Schönes mehr wahrnehme, rufe ich das Einhorn. Wenn ich das Gefühl habe, dass ich etwas nicht schaffe, rufe ich das Einhorn. Wenn ich mich allein und hilflos fühle, rufe ich das Einhorn. Seine Schönheit, seine Unschuld und seine fantastischen Eigenschaften helfen mir, mich zu fokussieren und wieder »herunterzukommen«.

Ich hoffe, dieses kleine Buch vermittelt auch dir die magische Inspiration des Einhorns. Schließ die Augen und tritt ein in die zauberhafte Welt der Einhörner. Lass sie an deiner Seite gehen, mitten durch die Herausforderungen des Lebens. Lerne aus ihrer Anmut und ihrem Glanz, und wie du *das Einhorn in dir finden* kannst.

Joanna Gray

EINLEITUNG

Vielleicht glaubst du, Einhörner seien erst vorgestern auf die Bühne galoppiert? Das wäre durchaus verzeihlich, denn ob Muffins, Kaffeetassen oder Buntstifte: Einhörner überziehen einfach alles mit ihrem Funkeln und Glitzern und mit ihrem Regenbogen. Das ist jedoch keine vorübergehende Marketing-Masche. Schon seit Jahrtausenden beflügeln Einhörner die menschliche Vorstellungskraft!

Der gegenwärtige Run auf alles, was mit Einhörnern zu tun hat, ist nichts Neues – bereits im Mittelalter löste das Einhorn einen ähnlichen Boom aus: Modetrend-Mitläufer traten in einen Wettstreit um den neuesten Einhornteppich, während Päpste und Monarchen der Tudor-Zeit Millionen Euro – beziehungsweise eine Summe, die damals Millionen Euro entsprach – für den Kauf seines Horns ausgaben. Quacksalber des 18. Jahrhunderts gingen mit zermahlenen Hörnern als Allheilmittel gegen Krankheiten und Zipperlein hausieren, und Entdecker der Viktorianischen Epoche machten sich auf, um echte, lebendige Einhörner zu finden.

Die Beschäftigung mit Einhörnern ist so alt wie die Zeit. Der erste Bericht stammt von dem griechischen Arzt Ktesias von

Knidos – er schrieb über Einhörner, die im 5. Jahrhundert v. Chr. in Indien herumtollten.

Und er ist nicht der einzige Gelehrte, der sich von dem exquisiten Pferd mit Horn verzaubern ließ. Auch Koryphäen wie Aristoteles, Julius Cäsar und Leonardo da Vinci haben über Einhörner geschrieben und ihren Lebensraum, ihren Körperbau und ihr Temperament untersucht.

Rationalisten und Pedanten bestehen möglicherweise darauf, dass diese großen Männer in Wirklichkeit Nashörner beobachteten – oder das Profil von Steinböcken – und dass das Einhorn als real lebendes Tier unmöglich existieren könne. Wir sagen natürlich »Ach was, Humbug!« zu ihnen, doch abgesehen davon besteht kein Zweifel daran, dass es das Einhorn als feste Größe der menschlichen Vorstellungskraft tatsächlich gibt.

Seine Existenz in Mythos, Legende und Folklore hat große Kunst inspiriert. Welches andere legendäre Wesen findet sich schon auf Renaissancegemälden, in Shakespeares Theaterstücken und auf dem königlichen Wappen des Vereinigten Königreichs?

Während sich seine Form im Laufe der Zeit verändert hat, sodass es von einem passablen Schoßhündchen zur Größe eines massigen Elefanten angewachsen ist, sind die grundlegenden Eigenschaften des Einhorns jedoch konstant geblieben.

Chroniken erzählen faszinierende Geschichten über das Einhorn: Es reinigt Wasser, setzt in Kämpfen zur Verteidigung seines Nachwuchses das Horn ein und liegt auf dem Schoß junger Frauen. Demnach ist das Einhorn ein einzigartig sanftes Geschöpf, das zwar stark ist, diese Stärke aber ausschließlich für das Gute einsetzen will.

Taucht man in die Kulturgeschichte des Einhorns ein, dann kristallisieren sich zehn Attribute des Einhorns heraus, die dort immer wieder auftauchen. Das vorliegende kleine Buch, das jüngste in einer langen Geschichte von Liebesbriefen an das Einhorn, bietet den Leserinnen und Lesern diese Einhorncharakteristika so dar, dass sie sich spielerisch damit beschäftigen können. Einhörner sind magisch, fabelhaft, geheimnisvoll, stark, anmutig; sie sind Chimären, verspielt, wild, unschuldig und voller Leben. Dadurch, dass du diese herrlichen Aspekte des Einhorns verstehst und im Alltag anwendest, wird es dir, wie wir hoffen, gelingen, das *Einhorn in dir zu finden*.

Verschwenderisches Funkeln und Glitzern sind dabei ebenfalls angesagt!

SEI …
MAGISCH

LASS DICH VON DER Einhorn-Magie VERZAUBERN

EINHÖRNER SIND ... MAGISCH

maːgɪʃ: auf eine Art und Weise schön oder zauberhaft, die dem alltäglichen Leben entrückt ist.

Wer nicht an Magie glaubt, dem begegnet sie auch nicht – das gilt auch für die Welt der Einhörner. Du musst an ihre Magie glauben, um ihre Schönheit voll würdigen zu können. Ist der rationale Verstand erst einmal ausgeschaltet, steht die magische Einhornwelt allen offen, die sie suchen.

Bevor du dieses Kapitel liest, schließe die Augen und halte sie geschlossen. Warte zwei Minuten und höre, was um dich herum vorgeht. Spüre, wie sich deine Haut anfühlt, atme tief ein und aus und warte, bis sich die Magie des Einhorns auf dich herabsenkt.

Und jetzt versuche es: Schließe die Augen. Stell dir das Einhorn bildlich vor – sein schimmerndes Horn, seine bebenden Flanken, seine perfekt geschwungenen Wimpern, seine Schönheit.

Öffne jetzt langsam die Augen und flüstere:

> »Ich glaube an Einhörner.«

Den Einhorn-Geist heraufzubeschwören heißt, eine echte Fantasiewelt zu betreten. Es bedeutet, in deine eigene Kindheit zurückzugehen und vom Exquisiten verzaubert zu sein.

> »Ich glaube an Einhörner.«

»Der Glaube an sich selbst ist Magie, wenn du das tust, kannst du alles erreichen.«

Johann Wolfgang von Goethe

Seit Urzeiten sind Magie und Einhörner miteinander verbunden. Es gibt eine Geschichte darüber, wie das Einhorn seine Magie für das Gute einsetzt – sie ist mit diesem besonderen Tier durch die Epochen gereist ...

Es ist Sonnenaufgang; der Wald regt sich und erwacht zum Leben. Mäuse wuseln auf der Suche nach Nüssen herum, Rehe atmen die taufeuchte Luft, und Vögel kündigen mit ihrem Zwitschern den neuen Tag an.

Sie wissen nichts davon, dass bei Einbruch der Nacht die böswillige Schlange zum See gekrochen ist und mit einem kurzen Hervorschnellen der Zunge die Wasserstelle vergiftet hat.

Doch da erscheint bei Sonnenaufgang das Einhorn am Ufer, so schnell und flüchtig wie Quecksilber. Seine leuchtend weißen Flanken heben sich schimmernd vor der Waldlichtung ab. Es senkt den Kopf, und sein Horn berührt das Wasser. Ein magischer Energiestoß geht von dem Horn aus, und im selben Moment ist das Wasser vom Gift der Schlange gereinigt. Als die Sonne durch den Morgennebel bricht, trinken die Tiere gefahrlos das gereinigte Wasser.

Eine kurze Bewegung mit dem Schweif, ein Schütteln der Mähne, schon ist das Einhorn wieder verschwunden. Nur ein kurzes Wispern, erfüllt von magischer Güte bleibt zurück.

Mit solchen Kräften versehen, könnte das Einhorn seine Magie zwar dafür einsetzen, andere Geschöpfe unter seinen Einfluss zu bringen. Doch »gutherzig« sein bedeutet, dass das Einhorn damit zufrieden ist, sein magisches Können ohne den geringsten Nutzen für sich selbst einzusetzen.

Jahrhundertelang wurde sein Horn in der Medizin als Schutz vor einer Nahrungsmittelvergiftung eingesetzt. Alicorn – so wurde es bezeichnet – wurde von Apothekern in London bis ins 18. Jahrhundert hinein verkauft.

»Bis auf den heutigen Tag, so erzählt man, vergiften böse Tiere dieses Wasser nach Sonnenuntergang, auf dass fortan niemand davon trinken kann. Doch am frühen Morgen, sobald die Sonne aufgeht, kommt ein Einhorn aus dem Meer und taucht sein Horn in das Wasser, um das Gift aus ihm auszutreiben, damit die anderen Tiere während des Tages davon trinken können. Was ich hier schreibe, habe ich mit eigenen Augen gesehen.«
Johannes van Hesse, Utrecht, 1389

Die Magie des Einhorns ist ganz und gar gütig. Es ist eine besänftigende, heilende, schützende Magie. Um ebenso magisch zu sein wie ein Einhorn, brauchst du keine übernatürlichen Kräfte. Es ist nichts weiter erforderlich als die Fähigkeit, sich auf die Natur einzustimmen, und der Wunsch, selbst gütig und liebevoll zu sein.

ISS

Glitzer-staub

ZUM FRÜHSTÜCK UND GLÄNZE DEN GANZEN TAG

WO BIST DU GERADE? IM HAUS? LIEST DU DIES AUF EINEM BILDSCHIRM? IM ZUG?

Der erste und wichtigste Schritt zu einem magischeren Leben besteht darin, die Natur in all ihrer lebendigen Pracht zu erleben. Einhörner leben nicht in Büros oder Wohnungen. Ebenso wenig pendeln sie in heißen Blechkisten zur Arbeit. Nein, Einhörner leben in den Wolken und auf Waldlichtungen. Sei also wie das Einhorn und mach dich auf in die Natur. Atme die frische Luft ein, beobachte, wie das Licht sich verändert, und schnuppere den Duft des Waldes.

Erste Aufgabe:

Finde bis zum nächsten Monat folgende Naturorte in deiner Umgebung:

einen Wald,

einen See,

eine Waldlichtung,

einen Fluss,

eine Wildblumenwiese.

Zweite Aufgabe:

Tue bis spätestens nächsten Monat einmal Folgendes: Leg dich auf den Boden und freu dich an ...

einem Sonnenuntergang,

einem nächtlichen Sternenhimmel,

einem Sonnenaufgang,

einem nebligen Morgen.

Dritte Aufgabe:

Beobachte im Lauf des kommenden Monats eine Stunde lang ...

eine Spinne, die ihr Netz webt,

eine Biene, die Pollen sammelt,

einen Bach, der über Steine hinwegsprudelt,

das Königreich der Mini-Tierchen auf einer Wiese,

Vögel, die hoch über dir fliegen.

»DIE NATUR IST
EINE VERSTEINERTE
ZAUBERSTADT.«

NOVALIS

Im Einklang mit der natürlichen Magie um dich herum sein – das ist der erste Sprung, um ein magisches Einhorn zu sein. Für den zweiten Sprung brauchst du Sanftmut und emotionale Intelligenz.

Einhörner machen nicht viel Aufhebens um ihre magischen Wasserreinigungskräfte – oh nein! Sie lassen ihre Magie auf das Wasser wirken und entschwinden dann still und leise.

Ebenso kannst auch du dir vornehmen, wie das Einhorn jeden Tag etwas Magisches zu tun. Niemand außer dem Einhorn braucht zu wissen, was du vorhast. Betrachte dich selbst als magische Einhorn-Fee.

Magische Einhörner

1. Hilf Leuten mit schweren Einkaufstüten.
2. Mach Menschen, die allein sind, mit Essenspaketen eine Freude.
3. Lächle, wann immer es geht.
4. Freunde dich mit einsamen Menschen an.
5. Schenk deinen Freunden ohne einen äußeren Anlass Blumen.
6. Achte darauf, ob jemand verärgert ist, und bereite ihm eine Tasse Tee zu.
7. Ruf die Person an, die du schon seit langem anrufen wolltest.
8. Tue Gutes, wenn es sich zufällig ergibt.
9. Verbringe Zeit mit den Menschen, die du liebst.
10. Sei nicht auf Lob aus.

ICH GLAUBE AN EINHÖRNER.

SEI ...

FABELHAFT

Wie ein Einhorn zu leben heißt, in einer fabelhaften Legende zu leben.

EINHÖRNER SIND ... FABELHAFT

fa:blhaft: nahezu unglaublich, erstaunlich, legendär

Gibt es ein Wesen, das außergewöhnlicher ist als das Einhorn? Welch eine alberne Frage! Das Einhorn ist das unglaublichste aller fabelhaften Geschöpfe – und es kann auch dein Leben in etwas Fantastisches verwandeln. Lass dich vom irisierenden Horn, dem glänzenden Fell und der schimmernden Mähne des Einhorns inspirieren, und tauch ein in eine glitzernde Fabelwelt.

Es ist das Horn, nicht wahr? Sag schon – hast du jemals so einen tollen Körperteil gesehen? Es ist einfach fabelhaft, das Accessoire, von dem jedermann spricht.

Die anderen Tiere bereiten sich auf die Nacht vor. Der Vogel Greif plustert seine Federn auf, der Phönix pustet die Flammen aus, und der gute alte Drache poliert seine Krallen, als das Einhorn auf die Lichtung gleitet.

»Oh mein Gott, Schatz, dieses Horn – es ist einfach fabelhaft!«

»Von welchem Designer es wohl ist?«

»Es ist so perlweiß, so spiralförmig gewunden, so spitz und vollkommen.«

Das Einhorn aber wendet sanft den Kopf ab und geht seines Weges. Zurück bleibt nur ein märchenhaftes Schimmern des Einhorn-Schattens.

Im Jahr 1607 verfasste Edward Topsell, der Nischenblogger jener Zeit, ein Bestiarium, in das er eintrug, er habe das Einhorn-Horn von König Charles I. gesehen:

»Noch nie habe ich etwas an einem Lebewesen gesehen, das rühmenswerter wäre als dieses Horn. Die Substanz wurde von der Natur geschaffen, nicht künstlich, wobei alle Merkmale so sind, wie es ein echtes Horn erfordert ... Es ist so lang, dass der größte Mann seine Spitze kaum zu berühren vermag, denn es erreicht eine Länge von vollen sieben Fuß.«

Und falls das Horn noch nicht märchenhaft genug ist: Das Qilin, die chinesische Version des Einhorns, wird oft komplett mit Juwelen, Sternen und Edelsteinen bedeckt dargestellt. Teils Drache, teils Hirsch, teils Einhorn, hat das Qilin eine Stimme, die klingt wie Glockenläuten oder ein Windspiel – oder sogar wie der Wind selbst.

»Na, jedenfalls haben wir uns jetzt gesehen«, sagte das Einhorn, »und wenn du an mich glaubst, glaub ich auch an dich. Einverstanden?«
Alice hinter den Spiegeln,
Lewis Carroll

Aber nicht nur sein fantastisches Horn macht ein Einhorn fabelhaft. Wie alle klugen Einhörner wissen, ist das Aussehen nicht alles.

Mach einen kurzen Galopp durch die Literatur, und du wirst feststellen, dass das Einhorn legendäre Auftritte darin hat – unter anderem in der Bibel, in Shakespeares Theaterstücken, in *Alice hinter den Spiegeln,* in den *Chroniken von Narnia* und in *Harry Potter.*

ENTDECKE, WIE DU EIN LEGENDÄRES LEBEN FÜHREN KANNST

So findest du heraus, was körperlich an dir fabelhaft ist:

1. Bitte deine Freunde, dir zu sagen, was sie an dir am schönsten finden.
2. Glaub ihnen.
3. Konzentriere dich auf diesen einen hervorstechenden Aspekt und würdige ihn, gestalte ihn aus.
4. Kümmere dich um dieses Merkmal, widme ihm besondere Aufmerksamkeit und mach es zu deinem dir ganz eigenen, charakteristischen Look.
5. Trag es jeden Tag mit Stolz zur Schau (denn ohne sein Horn wäre das Einhorn einfach ein gewöhnlicher Gaul).

Wirklich fabelhaft sein heißt ein Leben führen, das andere große Geister inspiriert.

Leg dir den fabelhaften Einhorn-Look zu:

- Trag mehr Pailletten.
- Sei frech.
- Sei kühn.
- Sei strahlend.
- Sei ungebärdig.
- Schmücke deine Haare.
- Sei komisch.
- Sei »over the Top«!
- Zieh Aufmerksamkeit auf dich.
- Sei schillernd.

So wie das Einhorn durch sein Horn zu einem Fabelwesen wird, so ist auch in jedem von uns etwas Funkelndes, Einzigartiges, das andere in Erstaunen versetzt.

Wirklich fabelhaft sein bedeutet nicht nur, dass du majestätisch aussiehst. Es bedeutet, dein Leben gut zu leben – zu deinem eigenen Wohl und zum Wohl anderer.

Finde heraus, was an dir dem Horn des Einhorns entspricht, fördere dein ganz eigenes einzigartiges Talent und werde ein echtes, fabelhaftes Einhorn!

So findest du heraus, was innerlich an dir fabelhaft ist:

1. Worin bist du – und niemand sonst – fabelhaft? (»In Nichts« ist keine zulässige Antwort!)
2. Wenn du einen Anstoß brauchst, erinnere dich daran, was deine Lehrer/Kollegen/Eltern an dir gelobt haben. Im Ernst, es gibt bestimmt etwas!
3. Großartig – jetzt hast du es gefunden. Das braucht dir überhaupt nicht peinlich zu sein! Was auch immer dein einzigartiges Talent ist, mach es dir zu eigen.
4. Plane, wie du dein Talent bei der Arbeit, in deinem sozialen Leben und für andere einsetzen kannst.
5. Arbeite daran. Es kann natürlich ein wenig eingerostet sein. Dann poliere es auf und beobachte, wie du aufblühst und auf positive Resonanz stößt.

EINE FRAU
SOLLTE
ZWEI DINGE SEIN:

elegant

UND *fabulös*

COCO CHANEL

So bist du wirklich innerlich und äußerlich fabelhaft:

- Galoppiere durchs Leben.
- Sei freundlich.
- Sei dynamisch.
- Liebe mit Leidenschaft.
- Sieh das Fabelhafte in anderen.
- Sei richtig gut in etwas.
- Versuch es immer wieder.
- Vergib dir selbst und anderen.
- Sei überschäumend.
- Kreisch nicht.

SEI …

GEHEIMNISVOLL

EINHÖRNER
LEBEN IN
GEFLÜSTERTEN
WORTEN
UND TANZEN
IN UNSEREM
HERZEN.

EINHÖRNER SIND …
GEHEIMNISVOLL

gəhaɪ̯mnɪsfɔl: schwierig zu deuten oder zu verstehen; mysteriös

Hinter dem Glitzern und Funkeln des glamourösen Einhorns, das wir kennen und lieben, verbirgt sich ein scheues, geheimnisvolles Wesen. Schleich dich ganz leise auf die Waldlichtung, um eine andere Seite des Einhorns zu entdecken – eine Seite voller Schatten und Geheimnisse.

Einhörner, jene blendend weißen Pferde mit einem Horn, spazieren sanft durch die einzelnen Kapitel der Menschheitsgeschichte. Einige wenige Auserkorene hatten das Glück, ihr flüchtiges Erscheinen zu erleben: ein Wischen mit dem Schweif, ein kurzes Schütteln der Mähne. Ihre Gegenwart zeigt sich leise am Rande unserer Vorstellungskraft.

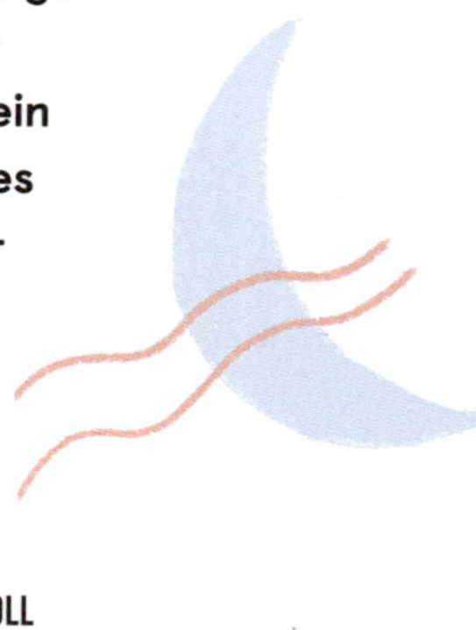

Aristoteles, einer der größten Philosophen der griechischen Antike, glaubte an ihre Existenz; Julius Cäsar dachte, sie seien tief in den dunkelsten Wäldern zu finden, doch die früheste aufgezeichnete Sichtung ist die von Ktesias von Knidos, der 398 v. Chr. über Einhörner in Indien schrieb:

»Ihre Leiber sind weiß, ihre Köpfe dunkelrot und ihre Augen dunkelblau. Aus der Stirn ragt ihnen ein etwa anderthalb Fuß langes Horn ... An seinem unteren Ende ... ist das Horn von reinem Weiß, der mittlere Teil ist schwarz, die Spitze scharf und von lebhaftem Rot.«

Stell dir die Szene einmal bildlich vor: Ein dunstiger Wald, knackende Äste unter den Füßen, vereinzelte Sonnenstrahlen durchdringen das Blätterdach – und plötzlich siehst du es.

Das Einhorn. Schimmernd steht es auf der Lichtung, jahrtausendelang immer wieder von allen gesucht, doch nur von wenigen gesehen. Diejenigen, die durch die dichten Blätter des Waldes hindurch einen flüchtigen Blick auf das Einhorn erhaschen konnten, versuchten das schwer fassbare Tier festzuhalten – in Worten, Bildern und Gedichten. Geblieben sind jedoch nur flüchtige Eindrücke: eine Sichtung hier, eine Hoffnung dort. Das Einhorn bleibt für immer ein Mysterium, ein Rätsel, von uns selbst erschaffen.

Doch gerade die Tatsache, dass es so geheimnisvoll ist, macht das Einhorn so unwiderstehlich. Existiert es wirklich? Wo lebt es? Kann ein Einhorn jemals eingefangen werden?

Lass dich vom betörenden Reiz des Geheimnisvollen verzaubern. Stell dir vor, du selbst löst in deinem Umfeld Fragen aus wie: Wer ist dieses Mädchen? Wer ist diese Frau? Kennt jemand sie wirklich? Kann sie jemals »gefangen« werden?

»Es gibt keine erlesene Schönheit ohne eine gewisse Fremdartigkeit.«
Edgar Allen Poe

Etwas Geheimnisvolles umgibt auch faszinierende Frauen der Geschichte – wie Helena von Troja, Scheherazade, Kleopatra, um nur einige wenige Auserwählte hier zu nennen.

Falls du also keine griechische Prinzessin der Antike, keine Märchenerzählerin aus Tausendundeiner Nacht und auch kein weiblicher Pharao, geschweige denn ein Einhorn bist – na und? Du kannst immer noch auf die Macht des Rätselhaften zurückgreifen und eine geheimnisvolle Aura um dich herum erschaffen.

SO UMGIBST DU DICH MIT DEM SCHLEIER DES RÄTSELHAFTEN UND GEHEIMNISVOLLEN:

Gib nicht alles von dir preis!

- Mach dich rar.
  Sag zu manchen Einladungen Nein.
- Sei unergründlich. Rechtfertige dich nicht, erkläre deine Beweggründe nicht.
- Sei verwirrend.
  Stell erst anregende Fragen und geh dann einfach weg.

SEI ALLES, NUR NICHT

Vorhersehbar!

SO GIBST DU WENIGER VON DIR PREIS

Lerne die Kunst, dich davonzustehlen:

1. Trab davon – fort von den sozialen Medien.
2. Leb nicht durch deine Feeds.
3. Kannst du deine Apps auf eine oder zwei reduzieren? Oder auf gar keine?
4. Schreib Briefe statt zu snapchatten.
5. Zeichne oder male Bilder, statt sie zu fotografieren.

Sei geheimnisvoll in deiner Art zu kommunizieren:

Kultiviere deine Art, Gespräche zu führen, um eine geheimnisvolle, aufregende Aura um dich herum zu kreieren.

Scheu dich nicht, abenteuerliche Fragen zu stellen, ohne die Antwort zu kennen.

Sei bereit zu schweigen, wenn du nichts zu sagen hast.

Verlass eine Veranstaltung schon nach der Hälfte der Zeit.

Erkläre nie, wohin du gehst.

Fragen, die geheimnisvolle Einhörner stellen:

Warum glaubst du das?

Sag mir: Wer bist du wirklich?

Was glaubst du, wer bin ich?

Errätst du mein Geheimnis?

Welche magische Kraft habe ich?

Warum überhaupt geheimnisvoll sein?

Ehrfürchtige Bewunderung und Spekulationen sind einfach so unfassbar aufregend!

Geheimnisse wecken starke Gefühle.

Weil jeder gerne Dinge aufspürt.

Wenn du unvorhersehbar bist, finden andere das faszinierend.

Mutmaßungen und Faszination bilden den Stoff von Legenden.

SEI …
STARK

ICH BIN

stark.

—

ICH BIN WIE EIN

Einhorn.

EINHÖRNER SIND ... STARK

ʃtaːɐ̯k: voller Kraft oder Stärke

Bekannt dafür, dass man es unmöglich fangen kann, ist das Einhorn kein normales Pony mit kuschelweichem Fell. Sein Horn macht es unbesiegbar, und es hat starke Hinterbeine. Erfahre nun, wie dieses machtvollste aller Tiere seine Stärke einsetzt – für das Gute, nicht für das Böse!

Von der Antike bis zu dem Moment, in dem du dies liest, haben Einhörner die Geschichte machtvoll durchdrungen. Sie sind weder tänzelnde Ponys noch übermütige Hengstfohlen, sondern starke Geschöpfe, die majestätisch durch unsere Vorstellungen galoppieren. Denk nur an den prachtvollen muskulösen Hengst, der durch deine Träume springt. Schon seit Einhörner die ersten Male gesichtet wurden, hat ihre Kraft Naturforscher und Historiker angezogen, die ihre geschmeidigen Muskeln und ihr feuriges Temperament bestaunten.

> »Seine Stimme ist die abschreckendste und stärkste. Wenn andere Tiere sich ihm nähern, ist es gelassen, gegen seinesgleichen aber sehr streitsüchtig.«
> Älian, römischer Schriftsteller,
> 3. Jahrhundert n. Chr.

Bei Einhörnern ist der Beschützerinstinkt das Entscheidende: Sie lassen ihre Nachkommen nicht im Stich und fügen Schwachen keinen Schaden zu. Denn wahre Stärke liegt in der Fähigkeit, diese Stärke für das Gute einzusetzen – zum Schutz und zum Wohl anderer.

Quellen der Antike zufolge kämpft das mächtige Einhorn lieber bis zum Tod, als sich lebendig fangen zu lassen. Die jüdische Tradition sagt dagegen, dass das Einhorn niemals gefangen werden kann.

»Die einzige Möglichkeit, Einhörner zu fangen: Wenn sie ihre Fohlen mit zum Grasen bringen, musst du sie mit vielen Männern und Pferden umzingeln. Sie werden ihre Nachkommen nicht im Stich lassen und mit Horn, Zähnen und Hufen kämpfen; und sie töten viele Pferde und Menschen ... Sie können nicht lebendig gefangen werden.«
Ktesias von Knidos,
griechischer Arzt,
5. Jahrhundert v. Chr.

Um dir die Kraft des Einhorns zunutze zu machen, musst du das majestätische Wesen in deinem eigenen Inneren aufzäumen; umfange dann seinen muskulösen Rücken und seine Seiten mit den Beinen, beug dich über seinen festen Hals und reite dein inneres Einhorn so kraftvoll, wie du es wagst.

»Die größte Herrschaft ist die Selbstbeherrschung.«
Seneca, römischer
Philosoph,
1. Jahrhundert n.Chr.

NICHTS IST STÄRKER ALS EINE FRAU, DEREN ZEIT GEKOMMEN IST.

SO WIRST DU KÖRPERLICH STARK

Körperliche Stärke ist dem Einhorn ganz natürlich gegeben, muss in Menschen aber bisweilen aufgebaut werden (ja, das Einhorn sieht alles und hat auch ein Auge auf dich, Couch-Potatoe). Wir denken hier nicht gleich an Bodybuilder, obwohl sie natürlich auch willkommen sind. Deine Muskeln müssen nicht unbedingt hervortreten, sie sollten jedoch erprobt und trainiert werden. Was auch immer deine Lieblingssportart ist, sei es Volleyball oder Yoga, Ballett oder Rugby: Praktiziere sie richtig und mit Spaß an der Sache!

Um deine Körperkraft bestmöglich zu entwickeln, solltest du …

- **dich gesund ernähren,**
- **dir die richtige Bewegung verschaffen,**
- **gut schlafen.**

Diese drei kleinen Weisheitsjuwelen sind wirklich wichtig – ignoriere sie nicht!

Deine innere Stärke ist also in all ihrer Einhorn-Pracht vorhanden. Nun zum wirklich kniffligen Teil: Wie strahlt man Stärke aus? Für das Einhorn ist es leicht, denn es ist weiß mit einem massiven Horn – es sollte sich wirklich einmal klarmachen, wie privilegiert es ist! Aber erlassen wir ihm das. Stark sein bedeutet nicht nur, die eigene Kraft zu kennen, sondern auch, sie anderen zu zeigen.

Hier fünf Tipps, die den Anwender – sofern sie angenommen werden – sofort mit der Kraft der stärksten Blitzenergie versehen.

Starke Einhörner …

1. … blicken anderen immer in die Augen;
2. … sind stets stilvoll angezogen;
3. … haben ihr Temperament immer unter Kontrolle;
4. … lösen ihre Probleme stets selbst;
5. … heben sich immer von anderen ab.

»DU HAST MACHT ÜBER DEINEN VERSTAND – NICHT DIE ÄUSSEREN EREIGNISSE. VERSTEHE DIES, UND DU WIRST STÄRKE FINDEN.«

MARK AUREL
RÖMISCHER KAISER

SO FINDEST DU HERAUS, WAS DIR DAS GEFÜHL GIBT, STARK ZU SEIN.

An einem dunklen Winternachmittag, wenn du den Schaum von deiner heißen Schokolade abschöpfst, eine zusätzliche Decke brauchst und vielleicht noch einen Keks isst ... An so einem Tag kann es schwierig sein, sich stark zu fühlen. Bei solchen Gelegenheiten ist es wichtig, auf das auslösende Moment zugreifen zu können, das dich wieder auf Touren bringt und beflügelt, sodass du lossprintest wie das Einhorn.

Übung eins:

Du kennst dieses gewisse Gefühl: Du glaubst, die Welt erobern zu können, spürst die Energie in der Magengrube. Du preschst voran, genießt deinen stolzierenden Hüftschwung, wie du deine Mähne wirfst. Ja, genau dieses Gefühl. Das ist Stärke. Was verursacht es? Finden wir es heraus.

1. Schreib auf ein leeres Blatt in Großbuchstaben:
DIESE DINGE BEWIRKEN, DASS ICH MICH STARK WIE EIN EINHORN FÜHLE.

2. Trag darunter ein, was du am liebsten magst:

Song	Sport	Schuh
Freund(in)	Bild	Essen
Outfit	Verwandte(r)	Idol
Fähigkeit	Accessoire	Aussicht

3. Verwahre das Blatt irgendwo sicher.

4. Das nächste Mal, wenn du auf deine innere Stärke zurückgreifen willst, wähle einen Punkt aus der Liste aus und tue es: Genieße es. Iss es. Trag es. Ruf an. Sieh ihn/sie/es dir an. Tue es.

5. Sei stark.

EIN MENSCH
KANN
DARAN
GEMESSEN
WERDEN,
WIE ER
SEINE
STÄRKE
EINSETZT.

Wirklich stark zu sein bedeutet, seine Kraft mit großer Wirkung einzusetzen. Das Einhorn nutzt seine Stärke, um seinen Nachwuchs, schwächere Geschöpfe und sich selbst vor Schaden zu bewahren; aber nicht, um Vorteile für sich selbst dadurch zu erlangen. Sei darum wie das Einhorn und setz deine Kraft zum Wohl anderer ein.

Denk daran: Wer stark ist wie das Einhorn, muss diese Kraft für das Gute einsetzen. Willst du ein starkes Einhorn sein, dann ...

- **tritt für die Wahrheit ein;**
- **tritt für Gerechtigkeit ein;**
- **tritt für Kinder ein;**
- **tritt für dich selbst ein;**
- **tritt für Tiere ein.**

SEI …
ANMUTIG

Atme wie
ein Einhorn,
lebe wie
ein Einhorn,
liebe wie
ein Einhorn.

EINHÖRNER SIND ... ANMUTIG

anmuːtɪç: mit Anmut oder Eleganz

Mit der grazilen Anmut eines Pferdes und seinem eleganten Horn gleitet das Einhorn mühelos durch die Geschichte. Lass das sichere Auftreten des Einhorns das Leben in der realen Welt von heute bereichern, indem es Charme und Stil hinzufügt.

Bekanntlich wollte Adam im Paradies allen Tieren einen Namen geben. Alle, die krabbelten und krochen, kamen zu ihm, und alle, die flogen, rauschten vom Himmel herab. Einer Legende nach beschloss Adam, das Einhorn zuerst zu benennen. Als er gerade dabei war, griff Gott nach unten und berührte das einzelne Horn des Einhorns. Von da an war es über alle anderen Tiere erhaben.

Das Einhorn läuft mitten durch unsere Fabeln und Geschichten hindurch, mit einer Anmut ohnegleichen, die keinem anderen Geschöpf zu eigen ist. Angefangen beim Einhorn auf prächtigen mittelalterlichen Wandteppichen bis hin zum Einhorn in *Harry Potter*, verkörpert dieses elegante Pferd eine ätherische Eleganz.

»Anmut ist Schönheit, die nie vergeht.«

Wir alle kennen dieses Wesen: Es hat eine seidige Mähne und trägt seinen formvollendeten Kopf in würdevoller Haltung. Fast schwebend bewegt es sich mit sanft wiegendem Schritt durch Räume. Und dann dreht es sich um und schaut dich an. Und lächelt. Und du schmilzt dahin, denn seine Augen sind voller Freundlichkeit.

Ein solches Wesen ist das Einhorn – und es ist anmutig-elegant. Einhörner sind keine reinen Showponys. Sie zeichnen sich durch eine innere Anmut und Würde aus, die sie von anderen Tieren unterscheiden. Mach auch du dir die Anmut des Einhorns zunutze und du wirst dich von der Herde abheben.

»Das Einhorn mag abgeschiedene Weidegründe, in denen es allein für sich umherstreift.«
Älian, römischer Autor, 3. Jahrhundert n. Chr.

Wie jeder weiß, sollte man stets »man selbst sein«, doch in Wirklichkeit können wir alle auch ein wenig von der Göttin lernen, die das Einhorn ist. Ihr Fell wäre nicht so weiß, ihr Horn nicht so schimmernd und ihre Haltung nicht so vollkommen, wenn sie nicht ein winziges bisschen Mühe aufwenden würde. Du wirst nicht erleben, dass sich das Einhorn über sein iPhone gebeugt herumlümmelt oder mit offenem Mund isst. Oh nein! Echte Einhörner sind innerlich und äußerlich anmutig.

FÜNF EINFACHE WEGE, WIE DU ANMUTIG WIRKST:

1. Vervollkommne deine Haltung – nimm beim Gehen die Schultern zurück, richte das Kinn nach vorn und geh zielstrebig.
2. Iss manierlich – halte den Mund dabei geschlossen, kaue langsam, und wenn nötig, benutze die Serviette. Keine Telefonate an der Futterkrippe!
3. Achte auf die kleinen Details – Fingernägel, Wimpern und Hufe.
4. Kleide dich elegant – das Einhorn hat ein gepflegtes Fell, und es stellt intime Bereiche nicht offen zur Schau.
5. Pflege deine Mähne – alle stilvollen Einhörner haben tolles Haar.

ICH SCHWITZE NICHT, ICH FUNKELE.

So bist du innerlich anmutig:

1. Sei freundlich: weniger bitter, mehr Flitter.
2. Sei fürsorglich: Wage es, für andere da zu sein.
3. Sei versöhnlich: Geh weiter, sei stark.
4. Sei großmütig: Wenn du den Sieg davonträgst, dann mit Anmut.
5. Sei höflich: mehr Überzeugungskraft, weniger Streit.

TESTE DICH SELBST: KANNST DU EIN ANMUTIGES EINHORN SEIN?

Kannst du

1. … mit einem Buch auf dem Kopf durchs Zimmer laufen?
2. … einfach deine Mähne schütteln und fortgehen, wenn irgendein alter Klepper gemein zu dir ist?
3. … einen ganzen Tag lang nicht fluchen?
4. … zu allen, mit denen du sprichst, charmant sein?
5. … stets daran denken, Bitte und Danke zu sagen?

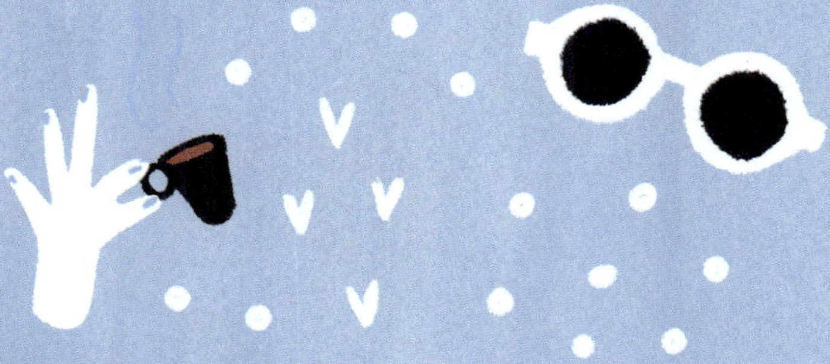

6. … Vongole-Muscheln essen, ohne dass es tropft?
7. … die Tür jedem öffnen, der deinen Weg kreuzt?
8. … jedem zuhören, der mit dir spricht?
9. … dich nicht betrinken?
10. … deine Beine auf Knöchelhöhe überkreuzen und nicht ein Bein über das andere schlagen?

SEI EINE …
CHIMÄRE

EINHÖRNER
SIND EIN
VERRÜCKTER
MISCHMASCH
AUS UNSEREN
AUSGEFALLENSTEN
FANTASIEN.

EINHÖRNER SIND ... CHIMÄREN

çimɛːʀə: ein Fantasiewesen, das aus nicht zusammenpassenden Teilen zusammengesetzt ist.

In Kunst und Folklore sind nicht alle Einhörner weiße Pferde mit Horn. Manchmal sind sie so klein wie Schoßhündchen, dann wieder so groß wie Elefanten. Vergiss nicht: Du brauchst nicht perfekt zu sein, um ein Einhorn zu sein.

Das niedliche weiße Einhorn, das du dir gerade vorstellst, mit seinen leuchtend weißen Flanken und dem schimmernden Perlmutthorn sieht in anderen Kulturen vielleicht ganz anders aus. Seien wir ehrlich: Einhörner sind kein »Mein kleines Pony«-Verschnitt für Erwachsene. Im Laufe der Jahrhunderte sind Einhörner in verschiedensten Formen aufgetreten: ziegen-, löwen- oder hundeähnlich, manchmal sogar als eine Mischung aus allen dreien. Menschen erschaffen seit über 4000 Jahren Mythen über das Einhorn, darum haben sich wahrscheinlich die Formen und Funktionen des Einhorns auch sehr stark verändert.

Leonardo Da Vinci zeichnete das Einhorn mit einem Pferdekörper, Ziegenfüßen und einer Löwenmähne.

»Das Einhorn ist ein sehr kleines Tier, wie ein übermäßig flinkes Kind.«
Physiologus, altgriechisches Bestiarium

Raffael wiederum malte das Einhorn so klein wie einen Schoßhund, geborgen in den Röcken einer jungen Frau.

Und die *Spiderwick-Geheimnisse* beschreiben Einhörner mit Hirschkörper, struppiger Mähne und einem Schwanz, der in einer Fellquaste endet.

»Ihr Fell gleicht jenem der Büffel, und Füße haben sie wie Elefanten. Mitten aus der Stirn wächst das dicke schwarze Horn ... Das Einhorn hat einen Kopf wie ein wilder Eber ... Mit Vorliebe hält es sich im Morast und im Schlamm auf. Zum Ansehen ist es ausgesprochen hässlich. Diese Tiere haben mit unsern gar nichts gemein ...«
Marco Polo, Abenteurer des 13. Jahrhunderts

Wenn Einhörner sich nicht in eine Form pressen lassen, warum solltest du es dann tun?

Ein Großteil des glanzvollen Einhorn-Charmes liegt gerade darin, dass verschiedene Tiere in ihm verschmelzen. Ob es einer Ziege, einem Hirsch oder einem Löwen ähnelt: Das Einhorn mit seinem schimmernden Horn und seiner mystischen Anziehungskraft muss nicht unbedingt ein reinweißes Pferd sein, um makellos zu sein.

Und dasselbe gilt auch für dich. Wenn du zum Beispiel eine wunderschöne Mähne hast, deine Füße jedoch ziegenartiger sind, als dir lieb ist, dann sei unbesorgt; du bist in guter Gesellschaft. Wer will schon konventionell sein?

So wie das Einhorn von diesen genialen Geschichtenerzählern und Künstlern im Laufe der Jahrhunderte ausgestaltet wurde, so bist auch du das Ergebnis wechselnder Formen, die sich über Generationen herausgebildet haben – die Nase deiner Urgroßmutter, die Ohren deines Ururonkels, die blitzenden Augen deiner Mutter.

»Das Ganze ist mehr als die Summe seiner Teile.«
Aristoteles, griechischer Philosoph,
3. Jahrhundert v. Chr.

AKZEPTIERE DAS, WOMIT DU SCHEINBAR AUS DEM RAHMEN FÄLLST!

- Sei unangepasst.
- Heul nicht mit den Wölfen.
- Versteck dich nicht.

- Sei ruhig mal albern.
- Geh Konflikten nicht aus dem Weg.
- Verändere dich.

SO KANNST DU DEINE VERSCHIEDENEN ANTEILE WERTSCHÄTZEN

Versuch es einmal mit dieser Übung:

1. Nimm Stift und Papier zur Hand und stell dich vor den Spiegel.
2. Betrachte dein Haar. Ist es eher wie das deiner Mutter oder das deines Vaters; oder ähnelt es dem deiner Großeltern?
3. Sieh dir nun dein Gesicht an. Von wem hast du deine Ohren? Deine Nase? Deinen Mund?
4. Wenn man dein fabelhaftes gemischtes Erbe betrachtet, woher stammen deine Gesichtszüge?
5. Arbeite dich vom Kinn bis zu den Zehen hinunter und schreib auf, welche »Geschenke« und Begabungen aus der Vergangenheit deinen jetzigen Körper bilden.
6. Schreib neben jede Beobachtung »Danke schön«.

Und jetzt versuch es damit:

1. Stell dich mit Papier und Stift vor den Spiegel.
2. Schau dir dein Gesicht und deinen Körper an und schreib auf, was wirklich deins ist.
3. Schreib »Danke schön« neben jede Beobachtung.

Vergiss nie ... Ziegenfüße, das Fell einer Großkatze und Nashornhaut haben sich alle zu einem exquisiten Einhorn verschmolzen. Ebenso sind auch deine verschiedenen Körperteile – ob du sie nun liebst oder verabscheust – ein Gesamtkunstwerk, das dich zu dem exquisiten Wesen macht, das du im Spiegel siehst.

Selbst mit einer Hinterhand, die so breit ist wie die eines Nashorns, und mit Hufen, so klauenartig wie die eines Schweins, sind Einhörner immer noch die tollsten Kreaturen überhaupt. Sie sind Einhörner, ganz gleich, ob sie perfekte Schönheiten oder verschlammt-hässlich sind – sie sind Einhörner, und sie sind stolz darauf! Dasselbe sollte auch für dich gelten. Sobald du all deine seltsamen Körperteile angenommen hast, sei wie das Chimären-Einhorn und trag deine speziellen Eigenheiten mit Stolz.

MACH
SO VIEL WIE MÖGLICH
AUS DEM

BESTEN

UND
SO WENIG WIE MÖGLICH
AUS DEM

SCHLECHTESTEN.

Fünf goldene Regeln für alle exotisch aussehenden Einhörner da draußen:

1. Akzeptiere dein Aussehen. Selbstvertrauen ist entscheidend für alle Lebewesen.
2. Mach das Beste aus deinen merkwürdigsten Körperteilen. Kleide dich passend zu deinen Windhundbeinen oder rück deine Nashornhaut ins rechte Licht.
3. Deine Persönlichkeit sollte dein Aussehen – egal wie toll es auch sein mag – übertrumpfen.
4. Mach das Beste aus dem, was du hast.
5. Lächle mehr.

SEI …
VERSPIELT

EINHÖRNER SPIELEN FÜR IMMER IN UNSERER

Fantasie.

EINHÖRNER SIND … VERSPIELT

fɐʃpiːlt: den Wunsch nach Spiel und Spaß haben

Was könnte vergnüglicher sein, als sich mit Einhörnern auf einer Blumenwiese oder hoch oben auf einem Regenbogen herumzutreiben? Spiel und Spaß ist nicht nur etwas für Kinder und Einhörner – steig auf den Regenbogen und spiel mit!

Plitschplatsch macht es, dann öffnen sich die Schleusen des Himmels, und der Regen setzt ein. Im Tal ist der Widerhall des letzten Hämmerns noch zu hören, als Noah und seine Familie die Tiere nacheinander herbeirufen – Krokodile, Pfauen, Käfer, Giraffen, Flamingos; die ganze Bande. Sie erklimmen die hölzerne Arche, um sich vor der Sintflut zu schützen. Gerade will Noah den Eingang verriegeln, als er das letzte Paar erblickt, das selbstvergessen auf einem entfernten Hügel spielt.

»Kommt her,
Einhörner!«
Er winkt ihnen zu.

Doch sie sind zu sehr in ihr Spiel vertieft. Sie tanzen im Regen, schütteln ihre Mähne und bewegen ihre Hufe spielerisch im Luftstrom.

»Kommt her, Einhörner!«, versucht Noah es erneut, und seine Rufe durchdringen den Himmel.

Als das Wasser ihnen bis zu den Knöcheln steht, galoppieren sie immer noch herum, fröhlicher als je zuvor. Auch als es ihre Knie erreicht. Sie sind zu sehr damit beschäftigt, miteinander zu lachen, um zu bemerken, dass das Schiff lossegelt.

»Kommt her, Einhörner!«, ruft Noah ein letztes Mal, während die Arche auf dem Wasser auf und ab hüpft.

»Aber es macht doch solchen Spaß!«, rufen sie, als das Wasser schließlich bis über ihre Schultern steigt. Und dann finden sie sich schwimmend wieder. Und immer noch lachen sie, und die Blasen, die sie durch ihr Kichern erzeugen, steigen mit der Flut.

Selbst inmitten einer solch ungeheuren Naturkatastrophe wie der Sintflut gelingt es dem Einhorn noch zu triumphieren. Es ist zwar zu sehr ins Spielen vertieft, um die Arche Noah zu besteigen, doch das bedeutet nicht, dass es seitdem keine Einhörner mehr gibt. Der Legende nach begrüßten die Einhörner die Wellen freudig, und als das Wasser um ihr seidig weißes Fell herum anstieg, begannen sie einfach zu schwimmen.

Sie überlebten die Sintflut, indem sie unter Wasser weiterspielten. Dabei kickten sie sich so lange durch das Wasser, bis sie schließlich ihre Beine nicht mehr brauchten. Da wurden ihre Vorderbeine zu Flossen, und ihr silbriger Schweif verhärtete sich. Ihr Horn wurde noch länger, und sie pflügten sich durch die eisige Tiefe.

Nach Hunderten von Jahren hatten sich die Einhörner in Narwale verwandelt, wunderschöne Wale arktischer Gewässer mit einem zwei Meter langen Stoßzahn. Narwale*, bekannt als Einhörner des Meeres, wecken auch heute noch ehrfürchtiges Staunen, wenn sie von Seeleuten gesichtet werden.

*So majestätisch sind diese Tiere, dass der Thron Dänemarks aus Narwal-Stoßzähnen angefertigt wurde.

»Was uns menschlich macht, ist unsere Verspieltheit. Dinge ohne Ziel und Zweck tun, einfach weil es Spaß macht.«

Matthew Parris,
Journalist

Du bist ein seltenes und schönes Geschöpf, einfach wundervoll – lass uns miteinander spielen.

Sei wie das verspielte Einhorn und finde immer wieder Freude am Leben, auch wenn der Regen einsetzt.

Manchmal überfluten dich die Ereignisse, und du fühlst dich, als müsstest du ertrinken. Dann ... tobe trotzdem weiter ausgelassen herum. Und wenn du untergehst ... schwimm weiter, und verwandle dich in etwas, das ebenso spannend wie ein Einhorn ist.

SEI VERSPIELT WIE EIN EINHORN

Finde heraus, wie du ein spielerisches Leben führen kannst

Verbinde dich mit deinem inneren Kind:

1. Hänge oder stelle ein Kinderbild von dir auf.
2. Schreib drei Lieblingsspiele deiner Kindheit auf und spiele sie.
3. Kitzele eine(n) Freund(in).

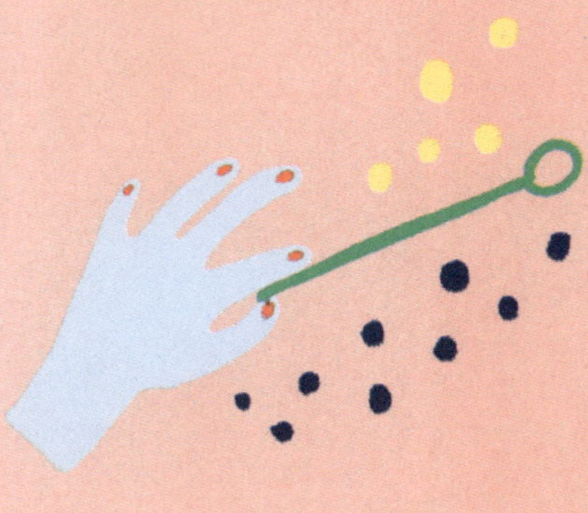

Greif auf deine innere Kreativität zurück:

1. Teile deine Fähigkeiten mit anderen. Wenn du gut tanzen kannst, bring es einem Nicht-Tänzer bei.
2. Tanze, singe, male – wenn es sein muss, auch allein.
3. Und jetzt tanze, singe und male mit Freunden zusammen.

Sei offen für Spontaneität:

1. Sag Ja.
2. Wenn du merkst, dass du aufgeregt bist, greif es auf und mach was draus.
3. Probiere jeden Tag etwas Neues aus.

»WIR HÖREN NICHT AUF ZU SPIELEN, WEIL WIR ALT WERDEN. WIR WERDEN ALT, WEIL WIR AUFHÖREN ZU SPIELEN.«

GEORGE BERNARD SHAW

10 SPIEL-AKTIVITÄTEN, DIE NICHT SCHIEFGEHEN KÖNNEN

1. Spiel wieder einmal » Eierlaufen« (natürlich mit ungekochten Eiern).
2. Mach eine Wasserschlacht.
3. Spiel mit einem Kätzchen.
4. Male mit Sprühsahne Gesichter auf Luftballons.
5. Mach eine Essensschlacht.
6. Spiel mit Freunden ein Pantomime-Spiel.
7. Iss einen Wackelpudding nur mit dem Mund direkt aus der Schüssel.
8. Spiel mit einem Welpen.
9. Verbinde dir und einem Mitspieler die Augen und füttert euch dann gegenseitig.
10. Tanze auf einer Luftpolsterfolie.

SEI ...
WILD

Sperr
mich nicht
ein.

EINHÖRNER SIND ... WILD

vɪld: auf eine furchteinflößende Art und Weise zornig oder aggressiv.

Einhörner sind keine Haustiere. Sie sind nie domestiziert worden und tragen mit ihren Hörnern heftige Kämpfe aus. Finde heraus, warum hübsch und sexy auszusehen kein Hindernis ist, um wild und kämpferisch zu sein.

So toll das Horn auch sein mag, das Einhorn trägt es nicht einfach nur deswegen, weil es gut aussehen will. Oh nein! Dieses Horn symbolisiert Macht, Stärke und Wildheit.

Schon von alters her wurden Einhörner als wilde, kämpferische Tiere erkannt, deren Horn unbesiegbare Stärke verkörpert.

»Man erzählt sich, es sei völlig unbesiegbar, und seine ganze Kraft liege in seinem Horn. Wenn das Tier, von vielen Jägern verfolgt, fast schon gefangen ist, stürzt es sich in einen Abgrund; es dreht sich so im Sturze, dass das Horn die Gewalt des Sturzes auffängt, und entkommt unverletzt.«
Kosmas Indikopleustes, griechischer Schriftsteller und Reisender, 6. Jahrhundert n. Chr.

Als spätere Abenteurer auf der Suche nach dem Einhorn die Welt durchstreiften, sickerten nach und nach Berichte von einer unbezähmbaren Herde einhörniger Pferde durch, die wild im tibetischen Hochland lebten. Sie waren nahezu unmöglich zu fangen und kämpften mit einer Wildheit, die sowohl Schrecken als auch Bewunderung auslöste.

Und Major Latter schreibt in einem Brief, der im *Quarterly Journal* des Jahres 1821 veröffentlicht wurde:
»Es stammt aus Zentraltibet, ist kämpferisch und äußerst wild. Selten, wenn überhaupt, wurde es lebendig gefangen. Sie schließen sich in Herden zusammen.«

Als in der mittelalterlichen Wappenkunst ein wildes Tier gebraucht wurde, das mutig genug war, um es mit dem englischen Löwen aufzunehmen, wurde das Einhorn für perfekt erachtet, um Schottland zu repräsentieren. Seit dem 12. Jahrhundert bäumt es sich nun kämpferisch auf und trägt eine Krone um den Hals.

Löwe und Einhorn sind bis heute Symbole des Vereinigten Königreichs und gehören zum königlichen Wappen. Heutzutage wirst du dort überall das Einhorn sehen, wie es auf Schilden, Tafeln und sogar auf britischen Pfundmünzen gegen den Löwen kämpft.

Und jetzt ... besorg dir ein Ticket nach Schottland, denn das Einhorn ist immer noch das Nationaltier dieses Landes. Es ist so viel cooler als zum Beispiel Japans Karpfen – das sag ich jetzt einfach mal so ...

Es genügt nicht immer, schön und stark zu sein. Manchmal braucht man ein wenig Feuer, ein wenig kraftvolle Energie, etwas Schwung. Und manchmal braucht man auch einen riesigen, massiven, gigantischen Blasebalg animalischer Intensität. Dabei geht es nicht um Gewaltanwendung, sondern um die Notwendigkeit, sich etwas von der Unbesiegbarkeit des Einhorn-Horns zu eigen zu machen.

Wilde Einhörner sind stark, beharrlich, mutig, loyal, motiviert, ehrlich und unabhängig. Und sie lassen sich nicht von den Forderungen der Gesellschaft an sie einengen. Eines der eindrücklichsten Elemente der Einhorn-Mythologie ist ihre Wildheit.

Dennoch ist ein wildes Einhorn immer noch unschuldig, es ist immer noch anmutig, und es ist immer noch magisch. Es ist nur dann kämpferisch, wenn es absolut notwendig ist. Es provoziert nicht, es verteidigt nur.

WANN IST WILDHEIT ANGEBRACHT?

Übung eins:

Welche Situation hat die kämpferische und wilde Seite in dir geweckt?
Kreuze alle zutreffenden Antworten an:

- Ich habe mich unwohl gefühlt.
- Ich war Zeuge einer unangenehmen Tat.
- Die Nachrichten haben mich traurig gemacht.
- Eine mir nahestehende Person war verärgert.
- Ich wollte einer Situation entkommen.

Wenn du mindestens eine Antwort angekreuzt hast, dann hast du eine Gelegenheit gefunden, bei der du wild oder kämpferisch sein kannst. Kämpferisch sein kann helfen, ...

* Ungerechtigkeit zu stoppen;
* Unfreundlichkeit zu beenden;
* Schaden zu verhindern.

Wie kannst du wild und kämpferisch sein?

1. Vertraue auf deine Instinkte.
2. Sei mutig.
3. Lerne, mit lauter, selbstbewusster Stimme zu sprechen.
4. Sei bestimmt.
5. Halte Augenkontakt.
6. Warte auf den richtigen Moment.

SO KANNST DU WILDHEIT IN DIE TAT UMSETZEN

Echte Wildheit oder Kampfbereitschaft zeigt sich nicht einfach nur in einem gelegentlichen kurzen Aufblitzen von Wut. Es ist der leidenschaftliche Einsatz für etwas – der Kampf für eine gute Sache.

Willst du langfristig wild und kämpferisch sein, zieh folgende Möglichkeiten in Betracht:

1. In eine politische Partei einzutreten.
2. Ehrenamtlich für eine Wohltätigkeitsorganisation zu arbeiten.
3. Briefe/E-Mails/Blogs über die von dir gewählte Sache zu schreiben oder einen Vlog darüber zu erstellen.
4. Mit anderen kämpferischen Einhörnern zusammen zu sein, die deine Leidenschaft für die Sache teilen.

Übung zwei:

Wenn Kampfbereitschaft und Wildheit nicht von allein und ganz natürlich in dir aufkommen, solltest du es vor dem Spiegel üben. Versuche, die folgenden Sätze laut auszusprechen:

1. Nein, danke.
2. Mit mir nicht!
3. Kommt nicht infrage!
4. Da bin ich aber anderer Meinung!
5. Das lass ich nicht mit mir machen!
6. Bis hierhin und nicht weiter.
7. Das stimmt nicht.
8. Ich tue das, was ich für richtig halte.
9. Ich kann das jetzt nicht übernehmen.
10. Ich bin wie ein Einhorn.

»SIE … IST

entsetzlich wild.

OBSCHON SO KLEIN.«

WILLIAM SHAKESPEARE

SEI …
UNSCHULDIG

ECHTE UNSCHULD
IST SO KOSTBAR WIE
DAS FOHLEN EINES
EINHORNS.

EINHÖRNER SIND … UNSCHULDIG

ʊnʃʊldɪç: rein, arglos

Die Unschuld des Einhorns ist eine seiner liebenswertesten Eigenschaften. Vergiss Ehrgeiz, vergiss Zynismus, vergiss Spott und erinnere dich daran, wie es ist, ein unschuldiges Wesen in einer schönen Welt zu sein.

Bist du bereit? Ab jetzt wird es nämlich ziemlich niedlich werden. Setz dich also in Ruhe hin und bereite dich darauf vor, sanft zu gurren, denn wir kommen nun langsam zu den Einhorn-Fohlen. Ja, sie sind die unschuldigsten Geschöpfe auf der Waldlichtung.

Wenn du das liest, solltest du unbedingt flüstern, denn du willst sie doch bestimmt nicht wecken …

Manchen Geschichtenerzählern zufolge sind Einhorn-fohlen bei der Geburt golden. Mit zwei Jahren werden sie silbern und haben dann ein so weißes Fell, dass Schnee dagegen grau aussieht.

Andere schreiben, dass Einhornfohlen in einer Blüte geboren werden. Beim ersten Sonnenstrahl des Frühlings öffnen sich die Blütenblätter, und heraus trabt ein taumelndes Baby-Einhorn. Es steigt vorsichtig die Blätter und Zweige hinab und schwebt dann auf den Waldboden.

Zu rein, um auf Erden geboren zu werden, schreiben wiederum andere, kommen Einhorn-Fohlen vollkommen geformt aus den Wolken hervor. Sie gleiten sanft zur Erde und bringen den silbernen Schimmer des Himmels mit.

UNSCHULD IST WIE EINE GLÄNZENDE RÜSTUNG,

schmückend UND *schützend.*

ROBERT SOUTH, DICHTER

Das Einhorn wurde allein wegen seiner Schönheit ins Leben gerufen und ist das einzige mythische Geschöpf, das nicht aus menschlichen Ängsten geschaffen wurde.

Wenn Legenden aufkommen, sprechen sie normalerweise die dunkelsten Alpträume der Menschen an. Denk nur an die schrecklichen Monster, die unter deinem Bett geschlafen haben. Oder erinnere dich an die kinderverschlingenden Hexen im Märchen. Wage es, dir die Monster anzusehen, die unsere schwärzesten Visionen bewohnen – Werwölfe, Seeschlangen, Vampire: allesamt üble Kreaturen.

Nicht so das Einhorn! Wir fürchten uns nicht vor ihm. Es macht uns keine Angst. Es ist einfach wundervoll.

Es schadet niemandem. Es erschreckt niemanden. Es ängstigt niemanden. Es ist so unschuldig wie ein Lamm.

Und als sei das nicht schon genug, gilt das Qilin, das Einhorn der östlichen Tradition, als ganz besonders sanftmütig, denn es läuft so behutsam, dass es nicht einmal einen Grashalm zertrampelt.

Die sehnsuchtsvolle Unschuld des Einhorns hat einige der großartigsten mittelalterlichen Kunstwerke hervorgebracht, die je geschaffen wurden. Im 15. Jahrhundert geriet das mittelalterliche Europa in den Bann der Legende vom unschuldigen Einhorn, und es wurden riesige Wandteppiche aus Wolle, Seide, Silber und Goldfäden gesponnen. Diese Einhorn-Gobelins, die in Märchenschlössern hingen und in späteren Jahrhunderten für riesige Summen von Museen erworben wurden, konzentrierten sich vor allem auf einen Wesenszug des Einhorns: seine Unschuld.

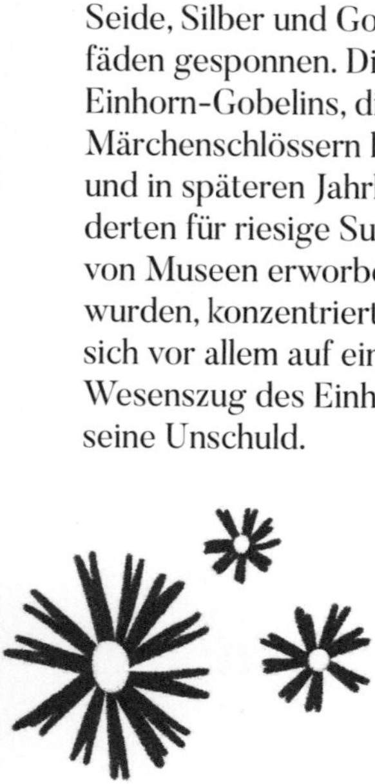

Vielen Berichten zufolge bestand die einzige Möglichkeit, ein Einhorn zu fangen, darin, ein jungfräuliches Mädchen in den Wald zu schicken. Sie musste sich leise auf die Lichtung schleichen und sich an einen Baum gelehnt hinsetzen; dann legte sich das Einhorn – das in ihr eine Seelenverwandte erkannte – schon bald auf den Schoß des Mädchens.

»Weil es sich nicht beherrschen kann, vergisst das Einhorn durch die Liebe, die es schönen Jungfrauen entgegenbringt, seine Unbezähmbarkeit und Wildheit; es wird alle Furcht ablegen, sich einer sitzenden Jungfrau nähern und in ihrem Schoß einschlafen. Und so fangen es die Jäger.«
Leonardo da Vinci

WORIN ZEIGT SICH DEINE UNSCHULD?

Sicher, es ist toll, selbstbewusst zu sein und andere Menschen zu beeindrucken, aber manchmal gibt es unter all den verschiedenen Menschen auch solche, die sich lieber im Hintergrund halten, stillere Naturen, die gern in Ruhe gelassen werden wollen. Sie bewegen sich leise inmitten des Trubels, und ihre Unschuld lenkt die Aufmerksamkeit um.

- Unschuldig zu sein bedeutet weder, dass man naiv ist, noch dass man ein Prügelknabe oder ein Dummkopf ist.
- Unschuldig zu sein heißt, dir wird die Freiheit gegeben, deine Ziele zu verfolgen.
- Unschuldig zu sein heißt, die Schöpfung und die Menschen um dich herum mit Respekt zu behandeln.
- Unschuldig zu sein bedeutet, sich die wertvollste Eigenschaft des Einhorns zu eigen zu machen.

Wie du deine Unschuld zurückgewinnst:

Nur kleine Kinder sind wirklich unschuldig, doch mithilfe der Erinnerung kann die Unschuld im späteren Leben wiedererlangt werden.

1. Verbringe Zeit mit kleinen Kindern.
2. Verbringe Zeit mit Tieren.
3. Verbringe Zeit in der Natur.
4. Nimm dir Zeit für eine gemeinnützige Arbeit, deren Ziele dir am Herzen liegen.
5. Nimm dir Zeit für die Menschen, die du liebst.
6. Nimm dir Zeit zu lächeln.

»Unschuld ist eines der aufregendsten Dinge auf der Welt.«

Eartha Kitt, Sängerin

VERSUCHE EIN

Regenbogen

IN JEMANDES WOLKE ZU SEIN.

MAYA ANGELOU,
AUTORIN

SEI ...
VOLLER LEBEN

Lass

DEIN
INNERES
EINHORN

frei.

EINHÖRNER SIND … VOLLER LEBEN

fɔlɐ leːbm̩: zufrieden oder glücklich leben, weil man seine Fähigkeiten oder seinen Charakter voll entfalten kann.

Wenn das Einhorn ein Leben voller Regenbogenfunkeln führen kann, können wir es dann nicht auch? – Aber natürlich! Glaub an Einhörner und entfalte dein Potenzial!

Einhörner sind Stuten mit Glöckchen. Es sind Pferde mit Bling-Bling. Es sind Hengste mit Extras. Einhörner sind glückselige, lebenssprühende Ponys. Einhörner haben ihr Pferdepotenzial auf einer Regenbogenmeile verwirklicht.

Einhörner sind die Verkörperung menschlicher Wünsche. Wir haben uns etwas erträumt, das umwerfend und – weil mit einem Horn ausgestattet! – auch sehr machtvoll ist.

Das heißt, wir haben das Einhorn durch unsere Vorstellungskraft ins Leben gerufen. Es ist durchaus nicht zu weit hergeholt, die Existenz des Einhorns allein auf die Macht des positiven Denkens zurückzuführen.

Wenn aber positives Denken durch die Jahrhunderte hindurch ein Wesen heraufbeschwören kann, das so unfassbar niedlich ist wie das Einhorn, was könnte dann die Kraft des positiven Denkens für dich bewirken? Stell dir das nur einmal vor!

> »Greif nach dem Mond. Verfehlst du ihn, landest du immer noch zwischen den Sternen.«
> Lester Louis Brown,
> amerikanischer Schriftsteller

Wenn Einhörner den Höhepunkt der menschlichen Vorstellungskraft darstellen, wie wäre es dann damit, einen Teil dieser Kreativität wieder einzusetzen und arbeiten zu lassen? Nutze die schiere Pracht des Einhorns, um dein inneres Einhorn zu entfesseln, um voller Leben zu sein und tiefe Erfüllung zu finden.

Jede Seele auf Erden hat etwas Einzigartiges an sich. Manchmal aber wird das wunderschöne Einhorn in uns zum Beispiel durch Schule, Arbeit oder gesellschaftliche Konventionen erdrückt. Und doch verschwindet es niemals ganz. Es strahlt einen sanften Silberglanz aus, der nur ein wenig liebevolle Pflege braucht, um wieder in seinem Regenbogenlicht zu erstrahlen. Entdecke dein inneres Einhorn, um dein Potenzial voll auszuschöpfen.

Einhörner geben sich nicht damit zufrieden, in Paddocks zu leben und Heu zu fressen, oh nein! Einhörner leben im La La Land, sie reisen mit dem Regenbogen und machen Urlaub im Himmel. Heu? Mach dich nicht lächerlich! Einhörner ernähren sich ausschließlich von frisch gesponnenem Geflüster, inniger Liebe und wundersamen Träumen.

Sei voller Leben wie das Einhorn, und gib dich nicht mit Gewöhnlichem zufrieden!

Die Zukunft
gehört denen,
die an die
Schönheit
ihrer
Träume
glauben.

Eleanor Roosevelt

WENN DU DEIN POTENZIAL WIRKLICH NUTZT UND VERTRAUEN IN DEINE FÄHIGKEITEN HAST, KANNST DU EINE BESSERE WELT ERSCHAFFEN.

TENZIN GYATSO,
DER 14. DALAI LAMA

ENTDECKE DEIN POTENZIAL

Übung eins:

1. Nimm drei Blätter Papier und Buntstifte zur Hand.
2. Zeichne deinen idealen Lebensraum, deinen idealen Partner und dich selbst an deinem idealen Arbeitsplatz.
3. Wirf die Zeichnungen nicht weg! Auch wenn sie ein wenig kindlich sind, können sie dich daran erinnern, dass Träume auch etwas für Erwachsene sind.
4. Häng sie an die Wand.
5. Nimm dir vor, dass du sie erst dann wieder abhängst, wenn du deine Visionen verwirklicht hast.

Natürlich sind Träume wichtig, aber es führt kein Weg daran vorbei, sich für sie einzusetzen und daran zu arbeiten, dass sie in Erfüllung gehen. Um dein Potenzial voll auszuschöpfen und voller Leben zu sein, musst du also die Hufe schwingen und loslegen. Aber überleg mal, wie stolz du die Einhörner machen wirst, die in den Wolken auf dich warten, damit du dich ihnen anschließen kannst!

So verwirklichst du dein Potenzial:

1. Fass den Entschluss, dein Potenzial zu entfalten. Heute.
2. Setz dir kleine, realistische (Zwischen-)Ziele.
3. Bilde dich weiter: Es ist nie zu spät für eine Umschulung.
4. Übertriff die Herde: Fang früher an und arbeite länger.
5. Niemals aufgeben.

So kannst du Erfüllung finden und dein Potenzial sogar noch erweitern:

1. Gib niemals auf!
2. Think BIG – setz dir große Ziele.
3. Überspring die Hürden: Brich aus deiner Komfortzone aus.
4. Geh Risiken ein.
5. Geh, wohin die Sterne dich führen.

ACHTE DIE TRÄUME DEINER JUGEND.

FREI NACH FRIEDRICH SCHILLER

EINHORN-GLOSSAR

Alicorn: Das Horn eines Einhorns (in Wirklichkeit das eines Narwals, aber sag es nicht weiter).

Blüte: blumige Erklärung in Bezug auf den Ort, wo Einhornfohlen geboren werden. Immer pink.

Flanken: Seiten des Einhorns (zwischen Rippen und Hüfte) – perfekt, um sie mit den Beinen locker zu umschließen und durch die Waldlichtung zu reiten.

#geborenumeinEinhornzusein: für immer einzigartig, für immer umwerfend, für immer ein Einhorn.

Glitzern: Blitzen und Funkeln, vom Einhorn erzeugt.

Harry Potter: Voldemort saugte einem Einhorn das Blut aus. So etwas ist wirklich niederträchtig!

Heraldik/Wappenkunst: Das Einhorn ziert die Wappen Großbritanniens und ist das Nationaltier Schottlands.

Huf: ob gespalten oder nicht gespalten, der Huf des Einhorns ist mit Silber umrandet. Einhörner sind ein Musterbeispiel für perfekte Pediküre.

#ichbinwieeinEinhorn: Ich bin etwas Besonderes, Einhörner sind etwas Besonderes, darum bin ich wie ein Einhorn. Liegt doch auf der Hand.

#ichglaubeanEinhörner: Denk nicht mal dran, meine Träume zu zerstören.

Mähne: gesponnenes Silber und Gold. Einhörner waschen ihre Mähnen im Mondschein und trocknen sie im Atem der Feen.

mythisch: das beleidigende Gerücht, Einhörner gebe es nur im Mythos (siehe Heraldik/Harry Potter/Twitter).

Narwal: Einhorn des Meeres, das Blubberblasen im Wasser aufsteigen lässt.

Pegasus: wird häufig mit Einhörnern in einen Topf geworfen. Pegasus ist das fliegende Pferd der griechischen Mythologie. Einhörner haben dagegen ein Horn, aber keine Flügel. Da Einhörner magisch sind, können sie natürlich auch fliegen, brauchen dafür aber keine Flügel.

Pony: abwertender Begriff, mit dem eifersüchtige Personen ein Einhorn bezeichnen.

#prinzipielleinEinhorn: einer jener magischen Tage, an denen das Leben so fantastisch ist, dass du auch ein Einhorn sein könntest.

Qilin: Das juwelengeschmückte Einhorn der chinesischen Tradition (ein Einhorn mit Juwelen – warum habe ich das nicht vorher schon gewusst?).

Regenbogen: Wo Einhörner leben. Einige vulgäre Personen behaupten, dass Einhörner Regenbögen pupsen. Das ist ein Mythos; Einhörner pupsen nicht. Einige dunkle Quellen deuten an, dass sie gelegentlich »einen Flüsterwind fahren lassen«, aber dafür gibt es KEINE Beweise.

#Regenbogeneinhorn: Lebe ein buntes Leben.

Schweif: gesponnenes Silber und Gold. Er schwingt sanft hin und her, von einer Seite zur anderen, schlägt aber nie hart. Mitunter auch als Engelshaar bekannt.

#TeamEinhorn: Ich gebe nie auf. Ich kann kein Einhorn fangen, aber ich lasse mich nicht kleinkriegen.

#tollesEinhorn: so toll, wie tolle Einhörner nun einmal sind. Das ist ganz schön toll!

Twitter: auch Instagram/Snapchat/Pinterest – das digitale Äquivalent der Waldlichtung. Die Onlinewelt, in der Einhörner weiterhin Millionen Menschen inspirieren, motivieren und ihnen Regenbogenfreude bringen.

#verrückteEinhornLady: Ja. Und?

#wälzmichinFeenstaubundnennmicheinEinhorn: Das ist mein magisches Land, und ich bin froh, dass ich hier bin.

Wolken: eine weitere Erklärung des Geburtsortes von Einhörnern, die in Umlauf ist.

Die englische Originalausgabe erschien 2018 unter dem Titel
»Be more unicorn. How to find your inner sparkle«
bei Quadrille Publishing, UK.

1. Auflage

Deutsche Erstausgabe

Lektorat: Birgit Groll
Umschlaggestaltung: ki 36 Editorial Design,
Daniela Hofner, München
Satz: Satzwerk Huber, Germering
Printed in China
ISBN 978-3-424-63175-3

www.kailash-verlag.de